La profe de canto II

AUTORA: NINA YAN ANDREWS

SEGUNDA EDICIÓN

MAYO 2020

Índice

Prólogo

Experiencias de vidas, relatos que no sólo son reales sino que tienen más de una moraleja, mundos diferentes pero unidos en una sola actividad creativa: EL CANTO.

Como profesora no sólo amo mi trabajo sino que admiro, valoro y agradezco como el universo me pone en frente, personas que sin importar la edad, la religión ni el lugar de origen, te enseñan con sus historias y te inspiran a través de la música.

Años y años enseñando a cantar me llevan a recopilar anónimamente historias de alumnos que me han tocado el alma.

Esta es mi experiencia detrás de un escritorio...

Mi vocación día a día

A veces me pregunto, qué sería de mí sin dedicarme a esta profesión, comparo todos mis trabajos anteriores y no existe nada mejor para mí, que esto.

Escritorio preparado, el lugar siempre iluminado, una taza con alguna que otra infusión y aroma frutal para un ambiente placentero, es mi lugar de trabajo de todos los días.

Nunca dejo de agradecer a las personas que me eligen para cursar aquí, el agradecimiento para mí es la semilla de todo, hay quienes recién comienzan, hay quienes estudian conmigo hace años ya, hay quienes van y vienen como nómadas y por supuesto, hay en cada uno de ellos una historia que los marca.

Es imposible no conocer las historias de las personas que llegan a mí, especialmente en este arte del canto, cantar hace que todo lo relacionemos con nuestro paso a paso en la vida, desde un mal de amor, hasta las patologías que se encuentran en la salud.

Quizás es por ese motivo que esta vocación me sienta tan bien, por conectar emocionalmente con las personas que estudian, por trabajar con las emociones de cada uno y, por supuesto, todo lo que conlleva aprender a usar la voz.

Una vez más, me inspiro en las historias que he conocido a lo largo de mis bendecidos años de trabajo y se las redacto anónimamente, esperando dejarles un muy buen sabor de lectura.

Enséñame a escuchar

Muchas veces, la vida nos demuestra que no todo es lo que parece, que no todo lo que aparenta ser imposible lo es, que no todas las cosas que creemos saber, las sabemos y especialmente, no todo aquello que nos limita nos puede detener.

Para ponerles un ejemplo más gráfico, he visto lugares devastados por fuertes tormentas y totalmente inundados por aguas turbias, lugares donde nadie guarda esperanza al ver el resultado de todo los daños ocasionados, donde la vista no es precisamente algo alentador, sin embargo, he visto flores que brotaron sus primeros colores entre piedras y escombros, donde empezaron a crecer después de semejante golpe de la naturaleza, y así es, la vida siempre nos demuestra milagros, desde donde nosotros no imaginamos, cosas que en nuestra mente son difíciles de creer, pues, esta historia encierra una sensación como ésta.

Un mediodía de Junio de 2013, caminando por la acera, se me acerca una mujer, me mira y me saluda literalmente a los gritos, pude darme cuenta de que algo no andaba bien con su sentido del oído, pues, así mismo resultaba ser, me sonrió y mirándome cálidamente me dijo: *"Hola!, mi nombre es Daisy, te vi y quise venir a preguntarte si podemos tener un encuentro ya que me interesan las clases de canto que tu das, pido perdón por mi volumen elevado, es que tengo poca audición, ya mi hijo me ha hablado muchísimo de ti y de tu manera de trabajar"*, quise no ser tan inquisitiva y sin preguntarle nada, le propuse un encuentro en mi hogar, con una intriga dentro mío que me dejaba pensando.

Daisy llegó a casa con una sonrisa que trasmitía alegría, preparé café para dos y comenzamos a interactuar, estaba a punto de dejarme saber, cómo es que ella buscaba aprender a cantar con su problema de audición, sin mas, me comentó: *"Te parecerá loco, pero estoy muy interesada en aprender de esto, sé que todo en mí puede ser más complicado que en un alumno con mejor audición, pero ahí está mi desafío, **quiero aprender a escuchar**"*, mis ojos estaban asombrados por semejante reto personal para una persona con esa dificultad, sin embargo, dentro mío sentía que nada estaba tan mal, más aún, cuando soy de esas personas que piensan siempre en intentar las cosas por muy difícil que parezcan.

Daisy había sufrido desde muy pequeña un accidente donde los médicos tuvieron que operarle, pero previamente tuvo que tomar una fuerte decisión, tenía que decidir entre sacrificar un ojo o un oído, si o si algo tenía que ser sacrificado en la operación, Daisy decidió sacrificar su oído.

Pasaron los años y ella misma comenzó a notar como le costaba con mucha dificultad escuchar, motivo suficiente para acudir al médico para poder revisar su único oído y saber si estaba todo bien, nadie esperaba encontrarse con lo que Daisy se encontró en su visita al médico, su único oído que estaba haciendo tanto trabajo en captar los sonidos, no estaba totalmente desarrollado, no tenía tanta audición como se esperaba Daisy, razón por la cual, los médicos le afirmaron que escucharía muy poco, que tendría muchísima dificultad para reconocer ciertos sonidos y que le sería prácticamente imposible poder cantar como ella soñaba, ya que no tendría el

reconocimiento de las notas tal como
corresponden dentro de una melodía
afinada.

Esa cita con Daisy llevo más tiempo del
que acordamos ambas, pude saber todo
sobre su salud y entender la razón
principal del interés en este curso,
Daisy quería aprender a escuchar, ni
más ni menos.

Si piensan en mi lugar como profesora,
pues exactamente, yo también tendría
con Daisy un desafío nuevo y algo
intrigante, no obstante soy de esas
personas que aman los desafíos y más
aún, si se trata de una meta tan
importante para una persona como
Daisy.

Las clases comenzaron y las citas ya las
habían programado en horas de siesta,
ya que hay más silencio en las calles y
se podía trabajar mejor con los sonidos.
Comenzamos con distintos sonidos
fuertes y firmes, luego los detalles de
cada sonido, más adelante las armonías

de una canción simple, trabajamos la lectura con distintos rangos de volúmenes, pudimos ejercitar las distinciones de un sonido agudo y un sonido grave, estudiamos cada cambio de armonía con las notas de un piano, hicimos tantas cosas para trabajar el oído que Daisy parecía estar más feliz que cuando la conocí.

A lo largo de un año, las demás personas que conocían a Daisy, notaron como su hablar era de un volumen mucho más bajo y relajado que el que solía tener, dato que le dejaron saber y nadie estaba al tanto de que estábamos trabajando en clases, eso le dio a Daisy la señal que necesitaba para alentarla aún más en su meta, Daisy ya hablaba con un volumen mucho más adecuado, no usaba su timbre de voz desgastado como antes ya que no parecía esforzar su garganta para gritar hablando, todo resultaba cada vez más emocionante desde mi escritorio, no me podía imaginar lo que esto significaba para ella.

Una tarde de noviembre, Daisy llega a mi domicilio para proponerme un nuevo reto, y por supuesto, para tener mi aprobación, sentada en su lugar con una mirada entusiasta me dice: *"Ahora que ya puedo reconocer las notas de un piano, con dificultad, lo sé, pero sé que pude lograrlo, quisiera cantar una canción, quizás sea un tanto pronto pero ya no quiero esperar, en unos meses mi hermano cumplirá los cincuenta años y quiero regalarle una canción, una canción especial grabada por mí"*, les puedo asegurar que nunca antes había recibido una alumna con tantas ganas de escuchar, de aprender, de vivir sin limitaciones, así era Daisy, y así fue como nos embarcábamos a un nuevo reto.

Con todo su esfuerzo, con todas sus energías en positivo, pudimos trabajar la canción destinada a ser el regalo para su hermano del alma.

Ésta es la parte en la que seguro están esperando el resultado de Daisy en esta historia, imagínenme a mi entonces, con esa misma sensación semana a semana, aun sabiendo cómo se procesaba todo, mi mayor intriga era la reacción de la gente que ni siquiera sabía que Daisy trabajaba su oído y su voz para cantar, definitivamente esta historia me dejó una gigantesca enseñanza.

Había llegado el momento, si!, a grabar todo el esfuerzo se ha dicho! Las lágrimas de Daisy al entrar por primera vez a un estudio de grabación, inimaginablemente cierto, caían con tantos sentimientos que tuvimos que esperar un momento aparte para que pueda relajarse, y así, concretar su más preciada meta, nos detuvimos a respirar profundo, le mostré cada rincón del lugar para que supiera como se trabaja en un estudio y sabía que al conocer cada cosa, se sentiría más confiada y menos nerviosa. Se tardó más de lo usual por ser su primera vez y porque necesitaba más tiempo para escuchar e ir al compás de la canción, pero finalmente todo surgió de una manera tan emocionante que ya quería que llegara el día del cumpleaños.

Luego de toda esta aventura de Daisy, comprendí que no todos quieren ser cantantes, no todos quieren ser estrellas en el escenario ni buscan una carrera en particular, hay quienes eligen cosas más profundas, hay quienes buscan algo más allá de lo vocal, hay quienes despiertan inspiración sin ser dotados en una actividad en particular, y especialmente, hay quienes no se limitan con lo que los médicos pueden diagnosticar, hay Daisys que quieren aprender a superar retos y desafíos personales.

Una mañana mientras preparaba mi desayuno, recibo en mi celular un video, sin imaginarme lo que era, lo miro, y observo que era filmación, donde se captaba el momento de una reunión familiar, donde un hombre emocionado abrazaba fuertemente a su hermana, precisamente era Daisy, recibiendo al cumpleañero con su canción, demostrándole a su hermano lo mucho que lo quería y sus metas cumplidas en tres minutos de una canción.

Por supuesto, no tardé un segundo en emocionarme y felicitar a mi alumna por todo lo que había logrado, por cumplir con todo lo que se había propuesto lograr, conociendo a Daisy no había nada que la detuviera si quiera tantito.

Que hermosa manera de determinarse a lograr cosas inimaginables, que linda manera de vivir! que ganas me dan de enlistar metas y ponerlas en marcha!

Cada uno de nosotros deberíamos contagiarnos de tanto entusiasmo, de Daisy y la ejemplar fortaleza de aprender a superarse sin limitaciones.

Muchas veces, la vida nos demuestra que no todo es lo que parece, que no todo lo que aparenta ser imposible, lo es, que no todas las cosas que creemos saber, las sabemos y especialmente, no todo aquello que nos limita nos puede detener.

"Tú eres mi hermano del alma, realmente el amigo que en todo camino y jornada esta siempre conmigo"

Roberto Carlos

Una voz rota

Cuenta la leyenda de que la mayoría de los profesores y maestros suelen recibir manzanas en sus escritorios, pues mi caso no es así, yo suelo recibir naranjas. Esta es la historia de una voz con más aventuras que los clásicos dibujitos animados.

Tarde de Junio de 2013, tarde de sol y una cita que prometía una nueva integrante en mi grupo de alumnos, Alison, una voz que al teléfono claramente se escuchaba bastante complicada.

Recibí en mi domicilio a la nueva alumna, traía su cuaderno para tomar apuntes y aunque no me lo crean, traía una naranja del tamaño xxl, exactamente, una naranjota que previamente a sentarse, me regala diciendo*: "Creo que a los profes se les regalan manzanas pero es que tengo un naranjo en casa y la persona que me recomendó venir aquí, me ha dado el dato de que a ti te apetecen mucho las frutas",* con una risa de esas que ya fomentan confianza le respondí: *"pues si!, exactamente! Muchísimas gracias, me asombra el tamaño!",* así de grato fue nuestro primer encuentro.

Alison desconocía totalmente el uso de la voz, ya que su timbre sonaba áspero y muy afónico. Pude entender mejor la razón de su sonido vocal roto, luego de que Alison me contara a que se dedicaba, pues trabajaba hacia solo cuatro meses como maestra jardinera, ahí estaba el asunto, trabajar con una cierta cantidad de niños, los cuales poseen un sonido notablemente agudo comparado con el de los adultos, era todo un reto a superar.

Alison esforzaba su voz a más no poder para sobrepasar el sonido de los niños y ya no le quedaba ni una nota sana en sus cuerdas vocales, todo era más que entendible.

Alison acudió a su médico para tratar su problema constante de afonía y luego de varios chequeos para saber cómo se encontraban las cuerdas vocales, su mismo médico le recomendó asistir a un curso de canto para aprender las colocaciones de la voz y sus técnicas adecuadas ante problemas como este. Causalidad y no casualidad, aquel médico resultaba ser mi médico personal, la persona que le recomendó venir conmigo y que por supuesto, sabe muy bien cuanto me gustan las frutas cítricas.

Tras realizar varios ejercicios vocales y respiratorios, pude ir conociendo los malos hábitos que Alison adquirió con el pasar del tiempo, su personalidad vivaz y chispeante la llevaba a usar su voz con mucha tensión, ella era divertida, colorida, muy creativa para todo y especialmente enérgica, mi primer reto era lograr que relajara su garganta para poder permitirle una pronta recuperación, lograr eso con Alison era casi un imposible.

Durante las primeras clases, también podía notar dentro de su sonido vocal, rasgos que ya me sonaban extraños al oído, que iban más allá de una afonía o una voz gastada, motivo suficiente para derivar a mi alumna a un fonoaudiólogo, *"Alison deberíamos descartar cualquier otra patología en las cuerdas vocales, voy a tener que pedirte que hagas una visita a un fonoaudiólogo"*, la divertida respuesta de Alison fue, *"Ay no por qué?, mira, es que me da mucha pereza visitar a los médicos, no me gusta esperar en los pasillos, nunca visito a los médicos, si mi madre se entera puede hasta realizar un festejo con la situación"*.

Alison respondía de una forma tan insólita a veces, que ya desistía de mi pedido, cómicamente trabajábamos la voz lo más que podíamos. Para esta altura no se imaginan la cantidad de naranjas que contenía mi cesta frutal, a Alison jamás se le olvidaba regalarme una, cada clase que asistía.

Llegada la primavera, Alison ya había recuperado en un 50% su voz y estábamos muy contentas por los resultados, no obstante, decide tomarse unos días de descanso con dos de sus amigas y por supuesto, previamente me notificó ya que esa semana estaría de viaje y no asistiría a su clase, no me imaginaba en lo más mínimo, el estado en el que llegaría Alison a la ciudad. Una semana le bastó, tan solo una semana para perder por completo su voz, Alison había regresado felizmente descansada de su viaje pero sin una pizca de sonido en su garganta, claramente no había podido controlar sus energías, había estado aventurada entre parapentes y sillas aéreas, paseos en motos y alguna que otra actividad de esa índole, todas y cada una de esas aventuras las había realizado gritando de entusiasmo y felicidad, así era Alison, feliz como una niña recibiendo un juguete nuevo.

Pasaron largas semanas para poder trabajar y recuperar la voz de Alison nuevamente y yo no dejaba de insistirle que ya era hora de visitar a un fonoaudiólogo, demás está decirles que era un imposible convencerla.

Por varias semanas y sin dejar de trabajar juntas, con mucha constancia, habíamos logrado recuperar satisfactoriamente el sonido de su voz, de hecho Alison ya cantaba algunas canciones con ciertas limitaciones, claro, pero podía cantar, mientras estudiaba con mucho detalle el uso correcto de la voz.

Todo fluía muy bien, hasta que una noche recibo un mail de Alison, explicándome lo siguiente: *"No vas a creerme, pero tuve que acudir al hospital luego de intoxicarme con químicos mientras aseaba la casa, es tanta la tos que se me generó que ya no tengo voz, una vez más estoy sin hablar!”*, Alison tenía el don de perder la voz, sea como sea, en las aventuras en vacaciones, con los niños en el jardín, aseando e intoxicándose en su propia casa, todo lo que le ocurría concluía en perder su voz, ya no era cuestión de usar bien sus cuerdas vocales, Alison necesitaba a un fonoaudiólogo, volví a recomendarle lo mismo por décima cuarta vez, ya había perdido la cuenta, pero esta vez, Alison respondió, *“Tendré que tomar la iniciativa y hacerte caso, mis cuerdas vocales están más sensibles que nunca”*, sentí que estaba a punto de lograr lo inalcanzable que era convencer a Alison a tratarse con un fonoaudiólogo, pero déjenme contarles, no conocí persona más terca que ella, exactamente, Alison se recuperó y volvió a sus clases de canto feliz, como si nada hubiese pasado, tenía el don de reírse de las circunstancias insólitas que le ocurrían.

Otras largas semanas pasaron y otros largos ejercicios, muchas clases de duro trabajo ya que le costaba demasiado relajar los músculos de la boca, rutinas diarias y una vez más, Alison se escuchaba con la voz limpia, lista para mantenerla así, con todas sus técnicas aprendidas, tan óptima fue su recuperación que el médico con mucho asombro, halago su trabajo y dedicación.

Yo no dejaba de insistirle que visitar a un fonoaudiólogo era lo más recomendable, aun con su voz recuperada, ya que había muchas tensiones lingüísticas, que requerían de un profesional a cargo de esa área, pero a Alison no parecía preocuparle demasiado, no parecía importarle hasta el día de su cumpleaños, pues, ese día lo cambió todo.

Alison despertó esa mañana con muchos planes de celebración y muchas ganas de comer pastel, despertó temprano y momentos previos a desayunar, descubrió un dolor un tanto molesto en su lengua, como el suceso le resultó tan extraño, decidió enviarme un mensaje y explicarme la situación, *"Nina, he despertado con cara de feliz cumpleaños pero con lengua de recién mordida, suena gracioso, lo sé, pero de veras, me duele, me duele sin ningún motivo, que puedo hacer?"* , ni yo sabía que responderle, ninguna de las dos encontrábamos un motivo en particular, asique sin mas , le dije que ya indiscutiblemente era hora de visitar un fonoaudiólogo, porque las preguntas quedaban sin respuestas y su salud ya demandaba atención, ese día increíblemente, inexplicablemente y milagrosamente, Alison visitó al fonoaudiólogo.

Llámese destino, causalidad, misión de vida o como quieran ustedes llamarle, pero creo que yo además de ser su profesora de canto, era también un eslabón, tenía que insistir en mi pedido, Alison llegó a mí, para aprender a usar su voz, pero también tuvo aventuras, risas, gritos de felicidad, niños que gritaban todos juntos y un trabajo que requería el uso correcto de su voz, intoxicación, dolor de lengua y muchísimas cosas más, hasta finalmente, llegar a un fonoaudiólogo, a ese fonoaudiólogo.

Si les dijera que ya no fue necesario pedirle constantemente que visite a un profesional de la fonoaudiología nunca más, me creerían?, he aquí los milagros de la vida, Alison conoció a su doctor, a su amor verdadero, a su alma gemela, así es, exactamente, si ustedes no se lo imaginaban, pues, yo tampoco, todo lo que conocía de Alison era sorprendentemente insólito, desde las maneras en las que perdía su voz, hasta la manera en la que conoció a su media naranja.

Lo más lindo de todo esto y lo que en verdad destaco, es que no se trataba solamente del hecho de recuperar la voz, era la manera en la que Alison decidía vivir la vida, ella prefería las aventuras, vibrar de felicidad, soltar las buenas energías, después recuperaría el habla, ella usaba su voz rota y disfrutaba al 100% y si la volvía a perder, quien le quitaba lo bailado!, que linda manera de elegir vivir su vida, quizás tenía que descuidar su voz para llegar hasta quien llegó.

Cuantas veces no nos damos cuenta de las vueltas que da la vida, para simplemente permitir que el universo conspire a favor nuestro.

Me alegra contarles que Alison y Federico son una pareja maravillosa, se casaron en la primavera de 2018 y actualmente tienen una hermosa hija.

En verdad me inspiran las historias de amor, Alison aun asiste a sus clases de canto, de hecho, su voz suena bastante clara, por lo que le permite a día de hoy, ser la maestra encargada de hacer cantar a los niños en el jardín.

Ah y me olvidaba! mi cesta de frutas aún sigue repleta de naranjas del tamaño XXL.

"Solo hay que vivir, vivir, vivir

Que nadie pueda etiquetar mis pasos, soy timonel de mi propio barco

Solo hay que vivir, vivir, vivir, sin esperar que me den nada a cambio, no pierdo el tiempo esperándote sentado

Y bailo"

Pablo Alborán.

Cantar para sanar

Todos nosotros los profesores ya conocemos los beneficios que se obtienen a la hora de cantar, siendo más precisa, podría dejarles a conocer algunos, como por ejemplo:

El hecho de cantar es un excelente ejercicio para los pulmones, ya que al hacerlo, se respira más profundamente, se amplía la capacidad del mantenimiento del aire en tu interior y al respirar más uniformemente, se nos genera una sensación de alivio, ya que se genera más oxigenación en el organismo.

Cantar es un gran ejercicio para el cerebro también, siempre y cuando te propongas poner a andar tu memoria recordando las letras de las canciones, gran elección para las personas de la tercera edad, así es, no existe límite de edad para poder cantar.

Respecto a lo corporal, si se usa la forma correcta del apoyo del aire, es decir, si se canta desde el diafragma, podemos ejercitar bastante los músculos estomacales, todo está correlacionado al cantar, desde el fortalecimiento de tu musculatura interna, hasta el propio reflejo que usamos a la hora de la inhalación, al saber cuánto aire tomar para cada parte que vayamos a cantar.

Si puedes seguir un ritmo vocal, es decir, cantar como hábito, te mejoraría el ritmo cardíaco, lo que hace que reduzcas el riesgo de cualquier enfermedad coronaria, al seguir una rutina, aunque no me agrade mucho esa palabra, llamémoslo pasatiempo frecuente, la resistencia de todo lo que se maneja para cantar, aumentaría y muy positivamente, aquí vendría muy bien la frase, **"la disciplina es el puente entre metas y logros"**

Frase que alguna vez dijo Jim Rohn.

A quien no le gusta ponerse a cantar en la ducha! ya sea que lo hagas bien o lo hagas mal, a quien no le agrada cocinar o limpiar cantando bajito! No creo ser la única persona que piense que cada vez que cantamos, nos vamos liberando de a poquito, como si todo pareciera cambiar de color, de un día gris yo he sacado miles de días lluviosos románticos, por poner un ejemplo, ya sea que cantes solo o sola, a cappella o simplemente cantes sobre la voz de tu artista preferido, esta última opción es la más comúnmente escuchada, hacer esto parece cambiar nuestro ánimo positivamente y esto puede también tener una explicación un poco más científica, liberarse a la hora de cantar, estimula al cuerpo a que produzcan dos tipos de hormonas, la endorfina, se podría decir que es la hormona de la felicidad, tiene el mismo efecto que comer una barra de chocolate, y la oxitocina, ésta última es la que nos ayuda a reducir el estrés, literalmente, amo a estas hormonas!.

Siendo aún más detallista, podría también informarles que, el hecho de ponerse a cantar, refuerza todo el sistema inmunológico, increíblemente este lenguaje universal aumenta la concentración de inmunoglobina A, no solo escribo como profesora sino como consejera, es tan beneficioso y no hace falta que lo hagas correctamente, aunque si así fuera enhorabuena!

Resumiendo entonces este capítulo, ya han notado que todos los beneficios relatados anteriormente no tienen mucho que ver con algún punto de vista social, pues, de hecho, viví una hermosa experiencia, la cual, en esta breve historia se la puedo contar.

Marzo de 2011, comenzando con un año cargado de alumnos y agradecida por eso, recibo por primera vez a Jordan, un alumno con el que previamente había interactuado e inscripto solo en forma virtual, es decir, no conocía su voz, ni siquiera por teléfono.

Le doy la bienvenida a mi alumno con un recibimiento amable y al escuchar su saludo en respuesta, en ese preciso momento, pude darme cuenta de que Jordan, tenía una notable tartamudez.

Me preguntaba muchas cosas en ese instante, como podía ayudarlo si es que esto se trataba de aprender a cantar y el sufría de tartamudez, me preguntaba qué haría yo en una situación como esa, pero no pude planear mucho en mi mente, en segundos ya estaba sentado en frente de mí y yo me sentía totalmente desconcertada.

Sudando de nervios, Jordan se tomó su tiempo y expresó, *"Lo sé, soy consciente de que estoy por aprender a cantar siendo tartamudo, pero algo me dijo que tenía que intentarlo, por esa razón, decidí inscribirme en forma virtual, es que a veces cuando estoy solo en mi habitación y logro cantar bajito, me doy cuenta de que puedo seguir un verso cantando sin interrupción, eso me dio el empuje para venir, no importa como salga pero quiero intentarlo, sí que vale la pena para mí"*, como decirle que no a semejante noble explicación?, es que no podía, debía intentarlo junto con él, me conmovió tanta determinación, tanto desafío y eso, señoras y señores, eso para mí, es lo más importante en todo reto a tomar, LA VALENTÏA.

Como nuevos ejercicios, intenté lo mejor de mí para lograr un estado de relajación total, deduje que si la tartamudez tenía mucho que ver con el sistema nervioso, por ende, debía comenzar por ese punto. Jordan se sentía con entusiasmo pero no lograba relajarse demasiado, imaginé que las primeras clases serían así, hasta poder lograr más confianza en relación profe y alumno.

Los primeros logros se fueron notando a los dos meses de estar ejercitando y conociendo el mecanismo del canto, si bien a Jordan le costaba un poco soltarse, increíblemente podía cantar una estrofa sin interrupción ni pausa alguna, él tenía razón, en su habla tartamudeaba pero en su cantar no, eso me permitió seguir adelante con mis clases sin preocuparme demasiado por su tartamudez.

Fueron unos meses muy favorables y de buenos resultados para Jordan y para mí, era mi primera vez enseñando canto a una persona con esa dificultad vocal.

A Jordan le encantaban las baladas clásicas, disfrutaba de las buenas letras, solía escuchar canciones que requerían muchísima concentración en escalas y melismas, todo lo que Jordan se proponía, lo lograba.

Una tarde, mientras transcurría su clase, sentado frente de mí, me mira con un poco de vergüenza en la mirada y me dice: *"Estoy interesado en una hermosa personita, quisiera practicar una canción para poder dedicarle algún día y sorprenderla, es preciosa, es un ángel, ese sería mi modo de conquista, quería pedir tu permiso, podríamos?"* literalmente enternecida y tratando de disimularlo, le respondo que sí, que sería una hermosa sorpresa para ella y para iniciar así los primeros pasos de su conquista, con mi postura de profesora intentaba disimular pero en mi mente solo pensaba *"Madre mía, admiro a este muchacho! Y yo que me enojo de la nada conmigo misma porque a veces se me traban las palabras, vaya ejemplo que tengo en frente!"*

Manos a la obra, música y ensayo, y por supuesto, muchísimo sentimiento que poner en esa nueva canción que terminaría siendo la serenata de amor menos esperada de la historia. Jordan buscaba expresar con todas sus ganas cada sentido de las palabras que decía la canción, sus manos ya no estaban tan duras y mostraba total compromiso con ese desafío.

A Jordan no le importaba el tiempo que le llevara cantar con las técnicas requeridas y estudiar cada paso del curso de canto, nadie lo apresuraba y el parecía estar cada semana más cómodo y con mucha más confianza de lo que había mostrado al principio del año, era entendible.

Asistía fielmente tanto a las clases de canto, como a las sesiones con su psicólogo, quien también lo trataba por el mismo problema, hacía ya unos cuatro años.

Pasaron un par de meses y podía notar como Jordan hablaba más relajadamente, sin tantas trabas ni dureza lingüística, eso me hizo dar cuenta que su tartamudez había disminuido en gran manera, paralelamente su psicólogo destacó lo mismo que yo, en una de sus sesiones, Jordan estaba mejorando con el pasar de los meses, no les puedo explicar la alegría que me daba escucharlo sin tantas dificultades en su habla.

Su mejoría fue tal, que Jordan ya sentía la seguridad de poder cantarle a su personita especial, dicho acontecimiento sucedería en una cena entre amigos la cual ya estaba planeada.

Vuelvo a destacar la frase que en medio de esta historia escribí, me conmovió tanta determinación, tanto desafío y eso para mí es lo más importante en todo reto, LA VALENTÏA. Jordan sorprendió a todos, no solamente a su ángel, todos estaban boquiabiertos por lo sucedido, entre abrazos y felicitaciones, entre amigos y personitas especiales, Jordan se desafío a él mismo, pudo con algo que de niño lo atormentaba, cruzó al otro lado del puente que nunca había podido cruzar y todo, absolutamente todo, comenzó con una sola palabra, VALENTIA.

Estoy enormemente orgullosa de Jordan, de escucharlo hoy en día hablar sin tartamudez, buscando mejorarse cada día mas, poniéndose retos que lo estimulen a crecer y superarse, para conclusión de todo, Jordan lamentablemente, no logró conquistar a su personita especial, pero a día de hoy, sonríe con confianza y se siente seguro de sí mismo, de hecho, alegremente sigue llamándola su ángel, aun sostiene la idea de que el hecho de haberse enamorado de ella, lo mantuvo inspirado y motivado hasta llegar a su gran logro, mientras que yo, como su profesora y testigo de todo, sostengo la idea de que el ángel en esta historia es él.

"Y ahora soy un hombre nuevo, miro
más al cielo y cuento estrellas al dormir

Y ahora tengo mi fortuna que es mirar
la luna y al pensarte, sonreír

Hoy vuelvo a vivir"

David Bisbal.

Una canción verídica

Todos cantamos, cantamos en la ducha, cantamos en los momentos relajantes, cantamos a veces tarareando o muchas veces respondiendo con cierta letra a lo que pasa en el momento, todos en algún momento bien o mal cantamos, pero que pasaría si una canción se nos vuelve realidad?.

Tarde soleada de Octubre de 2017, tuve el agrado de conocer a una mujer de ojos celeste turquesa y mirada de mar, les puedo asegurar que tenía una voz tan hermosa que hasta en el habla sonaba angelical.

Previamente esta alumna fue recomendada por otra persona de mi alumnado, quien se había encargado de describirle como eran mis clases, dónde estaba situada mi casa, cuáles eran mis honorarios y por supuesto, cómo se sentía la persona misma al pertenecer al clan de los alumnos de Nina, tal fue su testimonio que Zara, esta nueva integrante, se decidió a comenzar.

Zara, 29 años, administrativa, con alma deportiva y una fiel seguidora de la ley de la atracción como quien les escribe, iniciaba su primera clase de canto con más nervios que una novia a minutos de su boda.

Zara por naturaleza, tenía un timbre de voz muy nítido y delicado, cantó sus primeras escalas sin dificultad alguna y respondía muy bien a los primeros ejercicios de precalentamiento vocal, preguntaba sus dudas, no tenía timidez en ese aspecto y se entusiasmaba notablemente cada vez que comprendía alguna que otra teoría.

Las clases tenían una fluidez interesante, ya que Zara cantaba aprendiendo a usar su voz pero definitivamente usaba también el alma en cada nota, algo dentro mío me decía que su enfoque intenso encerraba más que un deseo, más que ganas de cantar solamente, había una energía pura cada vez que apreciaba su forma de hacer melodías.

Una de las características de Zara, era la manera en que había trabajado su cuerpo durante sus últimos años, todo su físico estaba muscularmente bien tonificado y llevaba años practicando deportes y entrenamiento, según sus palabras, la rutina de ejercitación le despejaba mucho la mente y sentía que canalizaba mucho durante la misma. Recuerdo haberle visto más de una vez, sus tan marcados abdominales luego de levantarse de su silla, verdaderamente todo un logro.

Habiendo pasado unos cuantos meses de enseñarle a Zara a cantar, una tarde al llegar a su clase me sorprende con un pedido muy especial, me mira a los ojos enternecida y me dice: *"Nina, quisiera saber si podríamos trabajar esta canción, para mí es muy especial, esta canción habla de una mujer embarazada que le canta a su primogénita antes de su llegada a este mundo, el hecho de ser tan importante y significativa para mí, es que en mi caso, yo no puedo tener hijos, lo sé, sé que puede resultar un tanto triste pero no soy de esas personas que pierden la fe, creo fielmente en la ley de la atracción y llevo ya dos años manifestando sin descanso que esto me suceda, que pueda algún día ser mamá"*, como profesora siempre que me confían y cuentan sus historias de vida, siento dentro tanta gratitud invadida de emoción, que más de una vez me toca tragar fuerte y manipular mi voz para no quebrarme delante del alumno, es hermoso y bastante intenso a la vez. Sin lugar a dudas, comenzamos a estudiar en las siguientes clases cada estructura y técnicas vocales que requería la nueva canción elegida.

Demás esta describirles lo hermosa que quedaba su voz interpretando la letra emotiva que la canción contenía, esa era la respuesta a mi primera inquietud, sabía que algo más había detrás de esos ojos de mar, había un deseo tan fuerte de ser mamá que no se limitaba a representar una canción con esa sensibilidad y vulnerabilidad que la situación demandaba.

En una de esas noches de conexión virtual, mientras charlábamos con Zara de arte y decoración, de repente, decide enviarme una foto, donde se podía ver una pared que ella misma pintó con su propia imaginación, era una pared llena de nubes que parecían algodón, con pájaros que rodeaban un arco iris hermoso, se podía ver un unicornio que intentaba saltar ese mismo arco iris y una jirafa asomándose desde un ángulo inferior como alcanzando tanta altura que llegaba hasta ese cielo. Seguro están pensando lo mismo que yo pensé al contemplar esa pared, Zara había puesto toda su imaginación y la manifestación de su deseo al universo, pintando una pared de su casa como preparando el cuarto de un bebé, que preciosa forma de manifestarse con la ley de la atracción, cuantos sentimientos floreciendo en una pared pintada como un cuento para dormir. Era tan genuino su deseo que quise felicitarla por tal hermoso arte impregnado en acuarelas, era tanta su confianza depositada en mí, que el hecho de hablar de cosas tan profundas como estas nos unió mucho más, ya no era sólo una interacción entre profe y alumna, era más de corazón a corazón.

Aunque esta historia les parezca enternecedora, también tiene su parte caótica, y vaya que si lo es, no puedo olvidarme todavía. Noche tranquila y yo cenaba como de costumbre en mi cama, recibo la llamada de un hombre que se comunicaba desde el teléfono de Zara, sin siquiera imaginarme que me diría, recibo la noticia impactante de que Zara había sufrido un accidente y estaba internada en la clínica, su novio me llamaba para cancelar su clase del día siguiente y dejarme saber lo que había ocurrido, se escuchaba tan nervioso y preocupado, que sin dudarlo abandone mi cena, me vestí y llegué a la clínica en apuros a ver a Zara. Allí estaba, toda golpeada y con muchas complicaciones en su piel, estábamos agradecidos de que no tenía huesos rotos ni hemorragias internas, pero nos partía el alma verla así de lastimada.

Mientras hablábamos de lo ocurrido con sus familiares, esperábamos los resultados de los análisis, esperábamos que su estado fuese óptimo y que todo pasara rápido para poder llevar a Zara a su casa y que pueda recuperarse de todo ese episodio. Tal espera se alargó más de lo calculado, por lo que Zara pudo despertar y pudo hablar con quienes estábamos ahí junto a ella, sorprendentemente había despertado sin sentir tantos dolores y hasta hacía bromas de la situación, esa manera de despertar, nos dio a todos un alivio de saber que todo estaba camino a mejorar, ese humor que Zara manifestaba, nos daba la pauta de que todo iría bien en los próximos minutos y que el susto ya había pasado, que todo seguiría satisfactoriamente. Pero como la vida no nos indica cuando va a sorprendernos con milagros ni cuándo es que se concretan exactamente los deseos que nos otorga la ley de la atracción, todos, absolutamente todos los que estábamos presentes, nos llevamos la gran sorpresa del año, la más grande de todas, la más esperada y la más bonita también, al escuchar decir al doctor que Zara no sólo estaba en perfecto estado sino que un bebé venía en camino, válgame dios!,   que no nos alcanzaban los pañuelos para tantas lágrimas de emoción! Vaya forma de salir de un accidente como ese! Que formas tan insólitas tiene la vida de dejarnos saber que los milagros existen! Los médicos no podían entender cómo es que todo estaba en perfecto estado después del fuerte golpe en el cuerpo de Zara, pues no les quedó otra más que llamarlo milagro del universo!

Desde ese momento, Zara brotaba de felicidad diciendo que era la mejor forma de borrarse los abdominales, brotaba de felicidad al mirar a los ojos a su novio mientras intentaban caer en la realidad de lo que estaban viviendo, el momento más intenso e inolvidable de sus vidas, el momento donde el milagro es protagonista del comienzo de una etapa increíble, Zara sería la mamá que tanto soñó ser.

Desde ese momento, la pared de cuento cobró vida, era real ese arco iris, eran reales las nubes de algodón, todo, absolutamente todo puede ser real, si profundamente en tu pecho y en tu alma así lo crees.

Zara cantó una canción que se volvió su realidad, Zara creyó en cada melodía que cantaba.

"Yo te esperaba y pintaba sobre las paredes de tu cuarto, sueños en color"

Alejandra Guzmán

Volver como siempre

Absolutamente todas las cosas que
haces con amor, aunque quizás te
parezcan mínimas o no le des
demasiada importancia, todo regresa a
ti, tarde o temprano el universo
conspira para que todo aquello que has
entregado desde el amor, te sea
devuelto. Así como la ley de la
gravedad, la ley de la fuerza y muchas
otras leyes que existen y están
sostenidamente justificadas, vivimos en
una constante ley en la que el universo
opera por medio de un intercambio
dinámico, es imparable e inevitable, lo
que damos recibimos, lo que pensamos
atraemos, lo que creemos, pues

creamos y todo lo que tus energías emanan, absolutamente todo, se nos regresa como tal inmensa ley fiel y constante.

Comprendí que en el trabajo, como en el hogar, como en la vida en general, todo lo que haces desde el amor tiene su inefable e inevitable fruto, sin embargo, hay quienes después de accionar con amor, se autosabotean manifestándose negativamente, manipulando lo que se suponía tenía que hacerse con amor, cambiando en su totalidad la intención de los actos.

No esperes nada en particular excepto el buen fruto, sin importar cuando vendrá, desde donde vendrá o como vendrá, las cosas son más simples de lo que solemos pensar, tenemos una mente que rara vez entrenamos para bien, pero de todas maneras, la vida es tan generosa que siempre encuentra el lugar y el tiempo justo para darnos la oportunidad de aprender a dar incondicionalmente, con la total certeza de que existe la más poderosa ley de atracción que todo lo retribuye operando en forma universal.

Desperté feliz, la mañana en la que cumplía treinta años, podía planear en mi mente las cosas que quería hacer tan típicas de un cumpleaños verdad?. Desayunando iba agradeciéndole al universo tantas cosas buenas que habían sucedido, que estaban sucediendo y que estarían a punto de suceder, rutina matinal que agrego a cada desayuno diario.

Mientras iniciaba mi día, iba recibiendo saludos en todo tipo de formas de comunicación, mensajes, llamadas, emails, redes sociales, en persona, etc. Uno nunca imagina las cosas que le pueden suceder, pensándolo bien, las sorpresas nunca se anticipan sino no se las llamarían como tal.

Para llegar a este día, antes debería de contarles lo que en sí, considero que llevó a cabo todo.

Año 2012, iniciaban las clases y entre todos mis alumnos, ingresaba a estudiar Louisa, una alumna con un perfil bastante bajo y con mucha inhibición.

Louisa vestía de colores pasteles, era bastante tímida y hablaba lo justo y necesario, le gustaba escuchar y ser respetuosa ante el trato con los demás, ella quería estudiar canto porque no conocía su verdadera voz, sin duda alguna, tenía un motivo por el cual el universo la trajo a este lugar.

En las primeras clases, pude ir conociendo las características de Louisa, su rutina diaria, lo que habitualmente hacía con su voz, lo que no, todo lo que le interesaba básicamente aprender pero en todo momento, a Louisa se le escapaban frases como: *"No creo que pueda hacer mucho con mi voz"* *"A mí me atrae mucho trabajar con la voz pero es solo que me gusta nada más que eso"* *"Vengo a estudiar canto pero me da vergüenza comentarlo" "No sé si pueda servir mi voz"*, claramente mantenía un autoestima demasiado bajo, en ningún momento escuchaba frases que destacaran que ella era capaz, que merecía o que se sentía preparada.

Cantar delante de otras personas hace que uno se sienta más seguro de sí mismo, asique por esa razón, esperaba que Louisa entrara en ese nivel de seguridad a la hora de cantar y aprender, para demostrarle con hechos, de que ella era capaz si se lo permitía, de que ninguna persona debe tener vergüenza de hablar y expresar las cosas que tanto le gustan en realidad, si Louisa aprendía a cantar y a conocer su voz, yo podía demostrarle con sus propios hechos, que solo ella era la dueña de sus logros, nadie más iba a hacerlos por ella.

En las siguientes clases, me propuse no solo enseñarle técnicas y trucos para el manejo de la voz, sino agregar canciones con mucho positivismo, letras con mensajes óptimos para levantar una muy baja autoestima, canciones que estimulen a decir SI a las cosas que queremos, canciones motivadoras, canciones que le otorguen inspiración.

Pasaron los meses y más que meses, años, Luoisa aprendía a cantar, de hecho su voz sonaba hermosa, respondía al registro mezzo soprano y ante todo, repetía constantemente palabras positivas, frases escondidas en canciones que realmente alimentaban su estima para mejor.

Todavía recuerdo la mañana que no quiero recordar, la mala noticia que golpeó a Luoisa y a toda su familia de manera trágica y cruel, recibí el llamado de su hermana mayor que me informaba la caótica situación que estaban viviendo, la casa entera se les había inundado, habían perdido todo en minutos, Louisa se encontraba en plena terraza intentando proteger lo poco que pudo rescatar, sin embargo, los recuerdos más preciados, cuadros, reliquias, muebles, regalos familiares, memorias de generaciones pasadas, todo, absolutamente todo se lo había llevado el agua. Sus padre ya no tenían trabajo, su empresa había quedado recientemente en quiebra y la hermana pertenecía a esa empresa familiar la cual, también estaba afectada por la misma situación, la única persona que trabajaba en la familia era Louisa.

Con todo mi corazón intenté ayudar para que la familia de Louisa saliera adelante, todos quienes conocíamos a Louisa fuimos solidarios en tal delicada situación, pero algo dentro mío me decía, que ante toda esta tormenta, era Luoisa quien demostraría todo su potencial.

Luego de tantos daños y mientras la familia se terminaba de acomodar nuevamente, pude atreverme a comentarle a Louisa, un dato que sentía que podía servirle, sin tan sólo se animaba a comprometerse, pues, se estaba anticipando un certamen en la ciudad para cantantes regionales y el ganador obtendría un premio económico considerable, aun sabiendo que la situación no había sido muy alentadora en ese último tiempo para ella y su familia, le expliqué que intentar no estaba demás y que en todo caso, yo estaría respaldándola en todo momento.

Quizás era una posibilidad, quizás su autoestima necesitaba algo como eso, Louisa luego de pensarlo por unas cuantas horas, acepto el nuevo reto y comenzamos a transcurrir juntas cada gala del certamen. No sé si era la delicada situación en la que había vivido, o era toda su fuerza interior que la llevaba a sacar lo mejor de sí misma, pero lo que puedo asegurar es que pude ver la verdadera fortaleza que Louisa había guardado por mucho tiempo, cantaba como un jilguero, expresaba tanto sentimiento que la gente en el lugar podía distinguir todo su dolor y las ganas de salir adelante.

Todo, absolutamente todo lo que hacemos desde el amor, el universo nos lo trae de regreso, Louisa ganó su segundo lugar en el certamen, ganando un premio de mucha ayuda económica que no solo favoreció a su familia con todo lo sucedido sino que mostró finalmente cuál era su voz en realidad, sacó la gran Louisa que llevaba dentro, desplegó sus alas y por primera vez y ante todo el público, Louisa comenzó a creer en ella misma.

Así como la ley de la gravedad, la ley de la fuerza y muchas otras leyes que existen y están sostenidamente justificadas, vivimos en una constante ley en la que el universo te devuelve todo lo que das.

Los meses pasaron, Louisa y su familia pudieron retomar positivamente con un nuevo emprendimiento laboral, tanto así, que Louisa pudo comenzar a estudiar una carrera, vivía en otra ciudad, por lo que solo nos podíamos comunicar con ella en forma virtual, no tan frecuentemente, yo trabajaba con mucho alumnado y aun lo sigo haciendo, gracias a dios y ella estudiaba con muchísima dedicación y no le era demasiado fácil volver a visitar su ciudad natal, hasta que esa mañana, mi vuelta al sol se completó una vez más.

Celebrando mis treinta años y con los planes típicos de una fiesta de cumpleaños, golpean a mi puerta y como las sorpresas nunca se anticipan, allí estaba Louisa, sonrisa radiante, ya no vestía de colores pasteles sino que llevaba un rojo vivo y apasionado en su vestido y vaya sorpresa doble me llevé!, su pancita de cuatro meses de embarazo ya se le notaba con tanta ternura, que me dejó un soplo de emoción que no voy a olvidar nunca.

Louisa se recibió de locutora nacional y ya disfrutaba de su primer trabajo en la ciudad, que bella manera de conocer su voz!

Pasamos una celebración hermosa y tratando de ponernos al día con todo lo que vivimos paralelamente, Louisa me pidió volver, ya extrañaba cantar, quería volver a ensayar, volver a sus clases, volver a ponerse retos, volver a cantar con todo los mejor de sí misma, Louisa volvió y volvió como siempre lo había querido hacer.

"Solía pensar que no podría continuar y que la vida no valía nada y era una horrible canción, pero ahora que sé el significado del verdadero amor.

Me apoyo en los brazos del atardecer, si puedo verlo, entonces puedo hacerlo, si sólo creo, no habrá nada más"

R. Kelly

La voz de una familia

Familia, palabra que te trae a este mundo, palabra que te acumula tantos sentimientos como imágenes, aquí me atrevo a aconsejarles, sin saber las historias de cada uno de mis lectores, no se queden en lo que les duele de esta palabra, quédense siempre en lo que los hizo ser quienes son ahora en el presente.

Muchas historias pueden ser duras y otras emocionantes, no obstante, el 100 % de todas las historias de la faz de la tierra conllevan las dos cosas, no existe la perfección en las historias sino lo que vemos de ellas, si vemos la parte agradable o la no tan agradable, eso queda a cargo de cada uno, pero lo que sí es verdadero aquí, es que las historias no se pueden cambiar, así tuvieron que pasar, así estaba destinado y por algún motivo el universo finalmente nos otorgó la misma.

En esta historia me siento identificada, ya que vengo de padres con mucha cultura y arte, una mamá que solía ser escritora y un papá con música en la sangre, pero no voy a relatar mi historia sino la de Víctor.

Corría el mes de Enero de 2013, había comenzado un año con muy buenas energías y por supuesto recibiría en mi domicilio, alumnos nuevos que se integrarían por el resto del año, uno de ellos era Víctor, hombre adulto de treinta y tres años y con mucha presencia, amaba el Tango con mucha pasión y cantaba ese género desde que tenía catorce años, es decir, toda su adolescencia y gran parte de su adultez.

El encuentro con Víctor en su primera clase, me dio esa sensación de estar escuchando una garganta un tanto maltratada y con mucho mal uso vocal.

Para el Tango, una voz ronca y áspera no queda nada mal, pero mi alumno padecía su aspecto de voz rota, de hecho, pude entender mejor de su estado, luego de que mi alumno me comentara las razones principales de haberse decidido a comenzar con clases de canto.

La razón principal era que Víctor trabajaba como vendedor, su voz era esencial para su trabajo, necesitaba mantener un estado óptimo para poder trabajar en buenas condiciones y no seguir perjudicando sus cuerdas vocales, a Víctor le encantaba cantar pero solía tener ciertos problemas estomacales, por ejemplo, su mala alimentación, la comida frita o la típica "fast food", hacía que en su estómago se genere acidez, y todo estómago con acidez, hace que la voz termine sonando ronca, principalmente con el uso excesivo o en los rangos agudos del registro vocal.

Sin dejar de lado, que Víctor se sentía maravillado con sus primeros pasos en su curso de canto, él mismo, clase a clase me contaba cómo iba tratando sus problemas digestivos ya que sabiendo que perjudicaban su registro alto vocal, buscaba ayudar de todos los medios para lograr su gran preciada meta de cantar.

Pasado unos tres o cuatro meses de que mi alumno cursaba las clases, entre tantos intentos de mejorar su salud, una tarde y con mucho asombro, Víctor me cuenta que había acudido a un terapeuta y que había quedado estupefacto con todo lo que le había diagnosticado el mismo. Tras dudar un poco del desempeño de su terapeuta como profesional, Víctor decide asistir a un par de sesiones, informándole únicamente de su problema de acidez estomacal y la interacción reciente con sus primeras clases de canto. Vaya asombro que se llevó cuando el terapeuta le indica, que su malestar podría haberse ocasionado por cosas, hechos, verdades o situaciones en su vida que le pudiesen estar costando mucho aceptar, todos sabemos que las dolencias conllevan detrás una emoción desequilibrada, pues así lo era para Víctor. Sus ojos no resistían las ganas de desahogarse contándome de su tan inquietante emoción guardada, que únicamente canalizaba cantando, pude sentir como todo en cierta manera le cerraba, todas las cosas que él había estado viviendo encerraban una patología principal en su salud.

Sin mas, mi alumno se acomodó en su silla y con un tono muy honesto, me dijo: *"Puedo explicar de dónde proviene todo esto, espero poder superarlo para continuar cantando"*, no me quedaba duda alguna, como profesora sé que muchos de los malos hábitos estomacales limitan mucho a una persona a la hora de cantar, sin embargo, para mi asombro Víctor me sorprende con su relato, "*A mis treinta y dos años, es decir, el año pasado, me enteré que mi padre no es mi padre biológico, que mi madre nunca se animó a decirme la verdad por miedo a que pasara una infancia traumada, luego le dio mucho miedo a que no lo tomara bien durante la tan difícil etapa que vive un adolescente y más adelante sintió que ya era demasiado tarde para revelarlo, el año pasado, seis meses antes de cumplir mis treinta y tres, encuentro una carta antigua que mi madre había recibido años atrás, sé que hice mal en leer lo que no me pertenecía, pero algo me dijo que lo hiciera, cosas que uno hace mal pero que por algo pasa, esa misma carta era tanto para mi mamá como para mí, una persona que decía ser mi padre, le había escrito pidiéndole perdón por tantos años de desaparecerse y especialmente el hecho de no conocerme a mí, a su hijo Víctor,* eso me dejó saber tan sólo una parte de la verdad, mi supuesto padre biológico sabía de mí, sabía mi nombre, le había escrito a mi madre en el año 1984 con el fin de volver, vaya a saber que haya pasado entre ellos, pero ese no era el caso, quería enfrentar a mi madre para hablar de eso, junté coraje, tragué fuerte y finalmente le pedí hablar, antes de comenzar la charla, apoyé la carta sobre la mesa y pude ver como en silencio, mamá comenzaba a derramar lágrimas, contar esto me emociona en verdad, solo quería saber la verdad, asique la abracé diciéndole lo mucho que la quería pero que necesitaba saber toda la verdad, necesitaba entender esa carta y pidiéndole disculpas por haberla leído, le pregunté por él. Esa tarde se detuvo en el tiempo, mientras me estaba enterando de toda mi historia, quién era mi padre biológico, por qué nos abandonó, que había pasado después, etc. Después de seis meses mis emociones se acumularon en *mi estómago y aquí estoy, asombrado por un terapeuta del cual dudaba y resultó darme en la tecla"*

Momentos como estos vivo sorprendentemente con mis alumnos, pasan los años y las historias que cuentan y cantan las personas que asisten a mis clases, hacen una magia imposible de no compartir, ahora entienden el motivo por el cual, escribo e impregno mis libros con estas historias de vida? Esto no termina aquí, la parte más mágica de todas, ocurre cinco años después de que Víctor comenzara con sus clases de canto, más precisamente en el año 2018, recibo como de costumbre a Víctor en su clase habitual pero esa tarde, al mirarlo a los ojos pude visualizar que los suyos estaban cristalizados, emocionados, llorosos, me apresuré a preguntarle si se sentía bien, si se encontraba bien, y me responde con toda su garganta anudada, *"si te cuento no me vas a poder creer"*, entre deducciones nubladas que me pasaban por la mente y un poco de preocupación por la situación del recibimiento, le respondí: *"como sea quiero saber!"*, Víctor buscó una foto en su celular y me la mostró diciéndome:

"Aquí estamos mi papá biológico, mi hermana, sus dos hijos y yo, ésta es mi otra familia, la que no conocía, al fin los encontré! pero la parte más increíble de toda esta búsqueda fue enterarme a que se dedicaba mi familia de sangre, si prestas atención a esta foto, mi padre tiene un micrófono en la mano, mi padre es un famoso cantante de tango, reconocido en toda Buenos Aires y Argentina, la noche que nos conocimos, mi padre presentó el debut de mi hermana, quien también dedicó sus estudios al canto, todavía estoy terminando de caer en esta realidad! Como pude yo cantar tango toda mi vida, sin saber quién era mi verdadero padre ni que hacía, no hay duda alguna de que la sangre tiene

fuerza hasta a la distancia, aún estoy intentando caer en toda esta realidad"

No puedo explicarles con palabras, la felicidad que me contagia ver hoy en día a Víctor cantar en escenario con su familia, exactamente, hoy en día, comparten escenario, comparten la pasión del tango, comparten cenas y fiestas en familia unidos y hasta comparten los trajes que visten en cada actuación.

Familia, palabra que te trae a este mundo, palabra que te acumula tantos sentimientos como imágenes, tanto música como corazón.

"Uno busca lleno de esperanzas el camino que los sueños prometieron a sus ansias..."

Mariano Mores

El canto del lobo

Sentada frente a mi computadora, dudé
bastante en decidirme a contar esta
historia, pero el hilo que lo conecta con
la actualidad mantiene una enseñanza
muy linda, se preguntan porque dudé?
La respuesta es clara y sincera, me
dolió, me dolió muchísimo, pero todos
tenemos una batalla destinada en la
vida diferente a la de los demás, lo
único que nos une es el amor y la
empatía, ser seres humanos no solo en
los malos momentos sino a lo largo de
toda nuestra vida.

Antes de comenzar, debo destacar que
esta historia me sensibiliza un poco

pero a veces no todo tiene una explicación exacta, la vida, la naturaleza, el universo son muy sabios y no tenemos todas las respuestas, solo tenemos la gran capacidad de superar y ser fuertes ante cualquier adversidad, no preguntemos por qué, sino para qué.

Bendito Abril que conocí a este alumno, benditos los ángeles que lo guiaron hasta aquí, bendito tiempo juntos.

Recuerdo patentemente la tarde en la que toda esta historia próxima a develar comenzó, debo confesar que amo los abriles, siempre cosas maravillosas ocurren en mis abriles, en el libro anterior también puedo asegurar esta filosofía personal, esa tarde recibí por primera vez a Gianfranco, un alumno que comenzaría su estudio de canto y una gran amistad con sus compañeros de curso.

Gianfranco inició con mucha facilidad, era una persona muy pragmática, su salud era muy buena y era un dedicado padre, su interés en esta área comenzaba junto con la idea de formar su banda de rock. El gran rasgo que tenía, era el justificativo de su apodo, el lobo, sus ojos eran tan celeste suave que estaba más que claro porque lo llamarían así.

Tenía mucha facilidad para absorber teorías y por ende, concluir en las prácticas, repartía su día en miles de actividades, trabajaba como viajante, estudiaba música, tocaba la guitarra eléctrica, ayudaba con la producción en la fábrica de su tío, practicaba deporte y además de todo eso, había agregado el curso de canto para complementar su participación en la planeada banda de rock.

Gian comenzó con mucha facilidad y sin perder la oportunidad, interactuaba con todos los alumnos que se cruzaba en el curso, no se tardó en crear lazos de amistades y ser el anfitrión de su casa en cada reunión que programaban con frecuencia.

Generalmente, Gian enseñaba todo lo que sabía a su hijo, desde guitarra, hasta las tareas del colegio, su espíritu bondadoso se esparcía por donde sea que él iba.

Demás esta contarles lo dinámicas y divertidas que se volvían las clases con Gianfranco, un personaje de esos que en un día agotador, te contagiaba de energías y buenas vibras, que terminabas finalmente olvidándote del cansancio.

Más de una vez, lo podía notar estresado, era de esas personas que se preocupaban por los demás, especialmente por su hijo, daba tanto de él, que el tiempo que pasábamos conociéndolo, se volvía más y más enriquecedor.

Y aquí llegamos a la parte en la que pase mucho tiempo preguntándome como podía ser realidad, ese mediodía que nos marcó a todos, tanto a los alumnos, como a mí.

Sin esperar estas cosas, uno a veces no sabe cómo reaccionar, ese mediodía recibo el llamado del tío de Gianfranco, informándome acerca del cruel accidente que mi alumno había tenido, un auto que circulaba en sentido contrario, lo había atropellado de forma abrupta mientras que él circulaba correctamente, ya con el hecho de relatar que no fue un accidente ocasionado por él, puedo sentir todavía, la impotencia tan desagradable que me nació a partir de ese instante hasta el día de hoy.

Quedé en shock, quedé en silencio por un instante, mi mente no quería procesar esa noticia, quedé tan devastada que no podía reaccionar. Llegué hasta el hospital y el parte médico no era nada bueno, sus huesos estaban quebrados, las heridas lo cubrían en gran parte de su cuerpo, traumatismo de cráneo, había perdido demasiada sangre, nada de lo que el parte médico nos informaba era alentador, no podíamos creer semejante situación.

El lobo que tanto queríamos se mantenía por un respirador, todos los alumnos que lo conocían, se acercaron a ser solidarios, pero la situación se tornaba más y más difícil y nada podíamos hacer más que esperar y pedir por su recuperación.

Gian estuvo meses en terapia hasta mostrar mejorías, los doctores ya habían dado el aviso de varias operaciones que requeriría luego de salir del cuadro delicado en el que se encontraba, por tal motivo, era hora de juntar fuerzas y devolverle al lobo, todo el afecto que nos dio y todo el cariño que se había ganado de todos nosotros.

Los alumnos se unieron para organizar tres grandes eventos a beneficio de Gianfranco, relatarles esto me emociona hasta la coronilla, en cada evento mis alumnos y yo, pudimos recaudar bastante dinero para cubrir los enormes gastos de las operaciones que el lobo requería, recaudamos para su familia e hijo también, ya que lo necesitaban en verdad.

Era una espera interminable pero pudimos apoyar y cubrir gastos, todos unidos por el lobo que tanto nos necesitaba.

Pasaron cuatro meses, hasta que nos enteramos que el lobo ya mostraba el color de sus ojos, hablaba muy poco y desconocía por completo lo que le había ocurrido, sus piernas y brazos fueron operados, tenía clavos por todas partes, su recuperación era lenta pero óptima al fin, todos muy de a poquito fuimos visitándolo y contándole lo ocurrido, dejándole saber que estábamos todos esperando por él, allá afuera.

Todo lo que nos sucede a veces no tiene una explicación exacta, pero de tanto en tanto, se me escapa el pensar y preguntarme cómo demonios puede pasarle algo así a alguien como Gianfranco, sin respuesta en sí, saliendo de esta neblina que no deja ver ninguna razón en concreto, pudimos presenciar todos, el momento en el que el lobo abandonaba el hospital, después de tanto tiempo, tanta espera, tanta angustia y extrañando a ese Gianfranco libre de movimiento y expresiones físicas, el lobo ya estaba con nosotros.

Me sensibiliza todavía mucho, especialmente cuando recuerdo los ojitos de su hijo al ver a su papá con tantas limitaciones corporales y una expresión de agotamiento plasmada en su rostro, pero para sorpresa de todos, esta historia tiene una bella resolución, al lobo solo le tomó ocho meses para que su espíritu vivaz lo levantara de su reposo y lo pusiera a rockear, así es, literalmente Gian, con su nueva banda, debutaron en vivo en la primavera de 2017, sin importar que tuviera que cantar con muletas en pleno escenario, el lobo aun nos demuestra paso a paso, las ganas de seguir que tiene en su interior.

No tenemos todas las respuestas, solo tenemos la gran capacidad de superar y ser fuertes ante cualquier adversidad, no preguntemos por qué, sino para qué.

Todos tenemos una batalla destinada en la vida diferente a la de los demás, lo único que nos une es el amor y la empatía, ser seres humanos no solo en los malos momentos sino a lo largo de toda nuestra vida.

"Son tiempos como estos en los que aprendes a vivir, otra vez, son tiempos como estos en los que tú das y das, otra vez.

Son tiempos como estos en los que aprendes a amar, otra vez, son tiempos como estos, tiempos y tiempos otra vez."

Foo Fighters

Soy muy agradecida

El agradecimiento es la semilla de toda
abundancia, si llegaste hasta aquí,
tengo el agrado y el placer de decirte,
GRACIAS, por destinar tu tiempo a leer
mi libro, por absorber cada historia,
que por mi parte significan muchísimo,
por toda la atención que me regalaste
en este lapso de tu tiempo y finalmente,
por elegirme.

Le doy gracias al universo, porque
como digo siempre, conspira todo el
tiempo como pura ley fiel y constante
para que yo conozca y viva estas
experiencias que son verídicas pero
resguardan y mantienen la privacidad
de la identificación de mi alumnado en
general.

Gracias a mi familia, por apoyar mis sueños desde pequeña y por criar a la escritora y profesora de canto que soy hoy en día, sin ellos no sería posible estar donde estoy hoy.

Sin extenderme más, espero encontrarte en la siguiente edición.

Namasté

ninayanandrews@gmail.com

www.ingramcontent.com/pod-product-compliance
Lightning Source LLC
Chambersburg PA
CBHW020606220526
45463CB00006B/2473